Made in the USA
Las Vegas, NV
14 February 2023

67488639R00057